APPEL

A LA CHAMBRE DES PAIRS;

OU

RÉFLEXIONS

SUR LA LIBERTÉ DE LA PAROLE ET LA LIBERTÉ DES
PUBLICATIONS.

Par M. V......D.

____

A PARIS,

CHEZ F. BÉCHET AINÉ, LIBRAIRE,

QUAI DES AUGUSTINS, Nº 57;

Et Delaunay, Libraire, au Palais-Royal.

—

1819.

APPEL

A LA CHAMBRE DES PAIRS;

ou

RÉFLEXIONS

SUR LA LIBERTÉ DE LA PAROLE ET LA LIBERTÉ DES
PUBLICATIONS.

Il ne s'agit plus aujourd'hui de prouver les
avantages de la liberté de la presse. Nous ne
sommes plus en 1814. Tous les partis n'ont
qu'une même opinion sur cette précieuse liberté,
sans laquelle il n'y a ni Charte, ni Gouvernement représentatif, ni esprit public, ni tranquillité, ni liberté d'aucune espèce. C'est la
liberté des libertés. Mais les motifs de cette union
de sentimens sont bien différens. Les Royalistes
qui n'en voulaient pas dans un certain temps,
trompés par un excès de confiance dans des intentions ou des événemens, aujourd'hui corrigés
par une cruelle expérience du pouvoir, la re-
gardent comme la seule garantie de l'existence
publique de leurs opinions et de leur parti. C'est
leur planche de salut après tant de naufrages.
Les Constitutionnels la réclament comme la garantie de toutes les institutions, et le boulevard

contre lequel viendront se briser les efforts de toutes les factions. Les Ministériels la considèrent comme une concession faite à la voix impérieuse de l'opinion publique ; comme une arme arrachée à l'arsenal de leurs maîtres. C'est pour eux une nouvelle occasion de faire briller leur zèle et leur fidélité ; et, sous ce rapport, ils y voient une grande source de *prospérité* et de *bonheur.*

Quant aux Ministres eux-mêmes, ils disent que la liberté de la presse est le *flambeau du Gouvernement*; ils font en discours toutes les concessions qu'on voudra; mais dans un projet de loi !..... dans un projet de loi, c'est toute autre chose; ils sont Ministres d'un Gouvernement représentatif; ils font leurs devoirs, ils tendent au despotisme : un Ministre trop constitutionnel serait inconstitutionnel; il renverserait la Charte.

Ainsi, soit nécessité, soit conviction, soit position ou calcul, tous les Français n'ont plus qu'une volonté sur cet important sujet, et la Charte va s'exécuter.

Mais, dit la Charte, je veux des lois répressives des abus de cette liberté, et c'est ici que commence de nouveau la divergence des opinions.

Rien de si habile que le discours de M. de Serres, en présentant les projets de loi. Il semble s'être dépouillé, pour nous plaire, de toutes les ruses du style ministériel ; il a renoncé à cet attirail de sophismes, d'amphibologies, de constructions louches et de phrases insidieuses qui ont fait la fortune politique de tant de discours. Il s'offre à nos yeux sous les formes simples et attrayantes de la bonne foi et de la candeur ; il proclame avec franchise des vérités jusqu'alors repoussées par le ministère ; il ne veut rien devoir à la perfidie d'une équivoque, à la surprise d'une omission ; et le lecteur, *devenu bienveillant*, se persuade que la modération, la conscience et l'amour de la liberté elle-même ont présidé à la composition de ce discours, qui, d'ailleurs, est écrit avec élégance. Ajoutez à cela que la réputation morale et le caractère personnel de l'orateur donnent à ce discours un poids, un crédit et une force de persuasion qu'il n'aurait pas dans la bouche de tous les Ministres du monde.

Mais, hélas! les illusions ministérielles ne sont pas, à ce qu'il paraît, de nature à être de longue durée! Le prestige ne résiste pas à un examen attentif : lorsqu'on compare le discours aux articles du projet de loi, on reconnaît tout l'art de cette apparente bonhomie, on pénètre l'artifice des réticences, on voit tout le calcul des modifications tardives, on comprend la vaste signification des monosyllabes, et sous le brillant vernis des phrases libérales, on voit s'allonger la griffe du despotisme ; on est désenchanté, et l'on s'avoue, avec Cicéron, toute la vérité de cette maxime : que le talent de la parole n'est jamais plus séduisant ni plus dangereux que dans la bouche de l'honnête homme, devenu orateur (1).

Après cette petite digression, qui nous sert d'exorde, entrons en matière. Nous nous bornerons à l'examen de quelques principes qui font la base du projet, et si nous prouvons que cette base est défectueuse, nous aurons dévoilé le vice qui ruine la liberté dans les principaux articles du projet.

Depuis long-temps des écrivains constitutionnels avaient démontré que les abus de la presse ne sont pas des délits spéciaux, et ne doivent pas, en conséquence, être compris dans une législation spéciale ; qu'on ne peut les considérer que comme un instrument, un moyen de provoquer à des délits ou à des crimes prévus par nos lois pénales.

De ce principe si juste, si libéral, qui a été adopté par les auteurs du projet, et qui est une véritable concession faite à l'opinion publique, vous croyez peut-être que la conséquence ne peut être que très-juste, très-libérale ? Détrompez-vous, et croyez que la part du despotisme ne peut échapper à des Ministres. A côté de ce

---

(1) Orator est vir probus in arte dicendi peritus.

premier principe, vous en voyez paraître un
second qui lui sert de correctif, d'adoucissant
ministériel ; c'est l'antidote du poison libéral
que renferme le premier ; (car il ne faut
jamais perdre de vue que des Ministres
sont les seuls hommes du monde qui ne s'éga-
rent jamais dans la route des idées libérales ; ils
ne perdent jamais leurs droits au milieu des
priviléges de la liberté, et on pourrait dire, avec
bien plus de raison, de la nature ministérielle,
ce que Horace a dit de la nature en général ; il
n'y aurait qu'un mot à changer : *Ministrum ex-
pellas furcâ usque recurret.*) Ce second principe
nous dit : « que tous les moyens de publication
» doivent être assimilés à celui de la presse,
» comme pouvant également servir à des inten-
» tions coupables et produire des résultats dan-
» gereux. »

Mais voyons sur quel raisonnement le Ministre prétend appuyer cette étrange assertion,
qu'on peut justement considérer comme une
innovation dangereuse et subversive de la liberté.

« Ce qui rend une action punissable, dit le
» Ministre dans son discours, c'est l'*intention*
» de son auteur et le mal *qu'il a fait ou voulu*
» *faire* à un individu ou à la société. Qu'importe
» que pour accomplir cette intention il ait em-
» ployé tel ou tel moyen ? »

Qu'importe ? Il importe si bien, que d'un trait

de plume, vous ruinez la liberté, la plus universelle, la seule dont tous les Français puissent jouir indistinctement, *la liberté de la parole*, véritable organe de l'opinion publique.

On conçoit sans peine que l'auteur d'un meurtre est aussi coupable, si pour commettre ce crime il a employé un grain d'arsenic, que s'il eût employé le fer ou le feu. Mais quoi! en est-il de même dans la législation des crimes *moraux* ? La diffamation d'une satyre violente, publiée par le moyen de la presse, insérée dans des journaux et lue par cent mille individus, est-elle la même que le même fait diffamatoire articulé par le moyen de la parole dans le cercle étroit d'un petit nombre d'auditeurs ? Est-elle la même par la nature des impressions; est-elle la même par la durée des effets? Et si l'aggravation de ces effets dépend de leur circulation plus ou moins rapide, plus ou moins étendue dans l'opinion publique, si c'est dans cette circulation que se trouve le corps du mal et l'essence du crime, *comme l'avouent les Ministres eux-mêmes*, *pour prouver la nécessité d'une législation spéciale pour les journaux*, pourquoi ne pas voir la différence des moyens, lorsque cette différence des moyens produit une si grande différence d'effets, lorsque cette différence doit justifier de justes alarmes, et assurer la *liberté de la parole?* Pourquoi invoquer un principe dans un cas, et le rejeter, non pas dans un autre , mais dans le même cas ? Le principe a-t-il changé de nature, pour subir deux applications ? Non ; c'est que, dans l'une, il est favorable aux vues des Ministres, et dans l'autre il serait favorable à la liberté : voilà tout. Mais alors, où est la raison ? où est la justice ? Le moyen de la presse jouit de toute la force d'un acte de délibération, et comme tel, il excite la confiance ; il jouit de tous les artifices, de toutes les ressources du langage, et sous ce rapport il a une grande force de persuasion que ne peut avoir la parole, sans parler du penchant secret qu'ont la plupart des hommes à croire à l'air de vérité de tout ce qui est imprimé, surtout ; et c'est ce qui arrive presque toujours, quand le caractère de celui qui parle leur est inconnu, et qu'ainsi sa moralité est présumée en sa faveur. En est-il de même des délits de la parole ? L'auteur d'une diffamation opérée par ce dernier moyen, est ordinairement connu de ceux qui l'écoutent. On connaît ses passions, ses haines, ses opinions ; le coup porté par elles est amorti avant d'arriver dans l'esprit des auditeurs. On pèse les circonstances, on sait apprécier les mouvemens de l'amour-propre, on juge les effets d'un moment d'effervescence, et le poison qui sort d'une source impure, fuit rapidement, emporté et délayé dans le torrent de la conversation.

Je viens d'exposer les différences que la nature même des choses établit entre les effets
de la presse et ceux de la parole ; je n'ai appli-
qué le principe qu'à la diffamation ; que sera-
ce donc si on l'applique à *l'injure*, aux *provocations séditieuses*, aux *outrages faits à la morale
publique* et au *terrible crime de lèze-majesté ?*
Les conséquences en sont alarmantes, comme
je le prouverai.

Le vice radical du projet de loi est dans *l'assimilation*, dans l'amalgame de plusieurs moyens
de publication très-différens, qui modifient to-
talement l'intention de celui qui les a employés
et le degré de mal qui en résulte ; mais si, dans
l'opinion émise par le Ministre, l'action punissable dépend de l'intention et du mal qui a été
fait, pourquoi confondre avec le redoutable
moyen de la presse des moyens de publication
qui ne peuvent jamais (ou du moins qui peuvent très-rarement et seulement dans des temps
de révolution ou d'émeutes) produire les effets
dangereux qui leur sont imputés, et, dans tous
les cas, ne peuvent être comparés pour les effets
qui en résultent presque toujours, aux armes
puissantes employées par la liberté de la presse?
Le voile se déchire, et on voit paraître le piége
dans toute sa nudité. On voit le but de cette
première assimilation des moyens de publication ; principe injuste et pernicieux, elle ne pou-

vait produire rien de juste et de bon; elle a conduit les Ministres tout droit à une seconde assimilation, à la *confusion* des divers degrés de peine; confusion qui donne aux tribunaux une latitude dangereuse et inutile, qui détruit en partie les bons effets du jury, qui accorde aux juges une influence supérieure à celle des jurés, qui livre les citoyens à l'arbitraire d'un second jugement, attendu que la fonction des jurés se borne à prononcer sur l'existence du fait imputé au prévenu. En Angleterre, les jurés, pour éluder l'extrême sévérité des lois criminelles, ne condamnent que sur des preuves d'une évidence mathématique. En France, si ce premier article du projet de loi est adopté, les jurés, pour éluder l'extrême latitude des juges, ne condamneront que rarement, et vous aurez le scandale de l'impunité. En effet, les juges ne sont-ils pas maîtres d'appliquer à une simple injure, à une simple calomnie *publiée* par le moyen de la parole, le maximum d'une peine que la justice semblait avoir réservée à cette même calomnie publiée, c'est-à-dire, aggravée singulièrement par le moyen de la presse? Ne sont-ils pas les maîtres de rendre à la *considération*, aux *rangs*, aux *titres*, tous les hommages *qui leur sont dûs?* Ne sont-ils pas les maîtres du système interprétatif depuis 16 francs jusqu'à 6000, et depuis quinze jours *de prison* jusqu'à cinq ans? Ne sont-ils pas enfin les maîtres de confondre toutes les espèces, de punir comme sédition ce qui est diffamation, et comme diffamation ce qui n'est qu'injure ? Cette latitude est effrayante ; elle l'est d'autant plus, qu'il eût été plus facile de l'éviter ; mais la confusion, qui en est la source, est dans la loi, et ce vice radical est répandu dans tous les chapitres du premier projet : presque tous les articles en sont infestés, et il y est tellement incorporé, que le jury lui-même ne pourrait l'en arracher, le jury qui, lorsqu'il est librement organisé, est le grand correcteur des mauvaises lois et des jurisprudences despotiques. Que sera - ce donc avec le *jury des préfets*, avec la *commission* des jurés qu'on nous propose ?

Revenons maintenant au principe des assimilations, sur lequel repose le projet de loi.

Considérés comme moyen de publication, il est injuste, il est contraire à la droite raison d'assimiler les gravures, estampes ou discours tenus en lieux publics, aux grands moyens employés par la presse. Considérés dans les effets possibles résultant de cette publication, il est dérisoire, il est contraire à la bonne foi, de comparer les impressions passagères produites par une estampe ou par l'ivresse d'un orateur de café, avec les raisonnemens vigoureux et l'éloquence entraînante d'un écrivain politique, exercé dans l'art d'attiser les passions et de composer les séditions, d'un écrivain politique qui habite une tribune du haut de laquelle il harangue la France et l'Europe. Peut-on comparer les flèches légères, lancées par des gravures, ou les égratignures causées par des paroles, à l'explosion, aux ravages, aux terribles effets produits par l'artillerie de la presse. Les dessins, les estampes n'ont le plus souvent qu'une publicité locale, et la sphère de leur activité ne s'étend guères au-delà des barrières de la ville de Paris, où les prétendus effets de ce genre de satyre sont neutralisés par l'habitude qu'on a d'en voir paraître tous les jours de nouvelles. La différence est totale, et cela doit être; elle est fondée sur la nature même des choses. Les résultats de la peinture sont bornés; le peintre n'emprunte qu'une attitude aux personnages, qu'un incident à l'action, et qu'un moment au temps; il ne dispose aussi que d'un lieu; tandis que la langue écrite dispose de l'immensité de l'espace et de la pensée. On a eu raison de dire que Virgile, dans vingt vers, donne plus de sensations et d'idées que Raphaël dans toutes les loges du Vatican. Le langage de la peinture est ainsi nécessairement borné. Il l'est encore par un effet de l'organisation intellectuelle, et par la manière dont nous sommes affectés. En vain le peintre serait tourmenté de nous communiquer ses intentions séditieuses; il échouera contre la faiblesse ou l'insuffisance de l'art, considéré comme moyen de persuasion.

Ceci tient à un des mystères de notre imagination qui n'est jamais plus fortement ébranlée que lorsqu'on agit sur elle sans l'intermédiaire des sens. Est-il personne, en effet, qui ait puisé une résolution criminelle dans un regard jeté sur une estampe? Y a-t-il dans l'histoire quelque révolution, quelque émeute excitée par une gravure? L'a-t-on vu conseiller le crime, commander le meurtre? Non : la peinture n'a rien d'actif, n'a rien d'hostile; elle ne provoque jamais, elle sait qu'elle n'y réussirait pas : elle n'agit que comme signe mémoratif; son triomphe est de nous retracer les sentimens les plus doux du cœur, ou de commander l'admiration.

Il y a plus, la gravure, lors même qu'elle renfermerait l'expression *manifeste* de l'intention séditieuse de son auteur (ce qui serait contre la nature de l'art et le but même du provocateur), n'exercera jamais assez de force sur les esprits, je ne dis pas pour les ébranler, mais pour les émouvoir; et, semblable à la pointe cachée de l'épigramme, la découverte de l'intention arrache un souvenir à la malignité, et borne là les ravages de son poison. Ceci sera d'autant mieux senti, si on considère que le langage de la peinture est naturellement *indirect*, et ne révèle ainsi les mystères de son style qu'à un petit nombre de personnes dont l'esprit est cultivé, et qui, certes, ne se livrent pas à des mouvemens séditieux sur la foi d'un morceau de papier et de quelques coups de crayons.

Ainsi, en mettant les délits de la gravure au nombre des abus de la publication, on sera forcé, et je le répète, on sera forcé, par la nature des choses, de rentrer dans un ordre de choses dont le discours du Ministre nous a annoncé la proscription; on jugera de nouveau des provocations indirectes; on condamnera de nouveau les intentions sans qu'il y ait délit, ou sans que le délit ait pu être consommé, ce que nous croyons avoir démontré; on rentrera, comme ci-devant, dans les voies tortueuses d'une jurisprudence sophistique; on rappellera les violences, les tortures du système interprétatif; on fera plus, pour prouver aux yeux de l'univers la sagacité, la logique fine, aërienne, de nos magistrats, faute de crimes véritables, on créera des crimes interprétatifs.

Malheur donc à vous, graveurs, lisez l'histoire des imprimeurs en 1815, 1816, 1817 et 1818; et vous, peintres, dessinateurs, souvenez-vous du sort des écrivains.

Vous apprendrez que ce n'est pas sans danger qu'on peut se livrer ainsi aux caprices d'une imagination pittoresque; on saura vous fatiguer par des saisies, si vous ne voulez éviter la peine de la complicité (1), et si vous insistez, si vous

____

(1) Expressions de M. de Vatisménil.

dites que vos intentions ne sont pas séditieuses, que vous n'avez voulu que provoquer le rire et non le crime, on vous dira que vous êtes des MENTEURS, des INSOLENS (1), et l'on vous condamnera, malgré vos intentions et vos protestations.

Il semble effectivement que les auteurs du projet de loi affectent une ignorance complète du caractère français. Non, ce n'est pas par des gravures, les armes de sa plaisanterie, ou les jeux innocens de son imagination, qu'un peuple vif et sensible provoque à la révolte ou au crime ; le conseil du crime, couché sur un papier provocateur, et offert à ses yeux, dans son affreuse nudité, révolterait son cœur, et répugnerait même à la délicatesse de son esprit. L'ombrageux Richelieu, l'astucieux Mazarin, maîtres du pouvoir absolu, et beaucoup moins fermes sur leur trône, comprenaient beaucoup mieux l'allure et le caractère de ce peuple ; ils ne craignaient point les vengeances de sa gaîté, ni les flèches piquantes de sa malignité ; ils les regardaient, avec raison, comme l'aliment de sa folâtre existence, ou comme le baume salutaire de la plaie causée par le nouvel impôt. Ils riaient les premiers de l'épigramme nouvelle ou de la chanson du jour, et ils ne faisaient point gra-

____

(1) Expressions de M. de Vatisménil.

vement des projets de loi contre l'éphémère car-
ricature qui remplace aujourd'hui la chanson
d'autrefois.

Mais, ce qui ne fera pas rire les amis de la liberté, et surtout le peuple des graveurs et des
peintres, c'est que, si le premier article du projet
est adopté, il est impossible que la rédaction actuelle de cet article ne nous ramène tout droit aux
inductions du système interprétatif ; et, s'il est
vrai que les meilleures gravures, c'est-à-
dire, les plus spirituelles ou les plus dangereuses, dans le sens des Ministres, renferment,
comme le logogriphe, un sens plus ou moins
caché, et parlent toutes un langage *indirect*,
il n'est pas moins vrai que, pour les juger et les
faire condamner, on sera forcé de les soumettre
à la logique du parquet qui les fera passer à la
fabrique du système interprétatif, d'où elles sor-
tiront, sous la forme de délits bien condi-
tionnés.

Il sera curieux de voir nos procureurs du Roi
interroger la figure séditieuse d'un vieux grena-
dier lithographié, lui demander compte de
la position de ce sabre, de l'expression de ce regard qui respire la menace, de la couleur de
cet habit qui conçoit des espérances ou qui ché-
rit des souvenirs, et, après cette comédie d'un
nouveau genre, se tourner gravement vers les
jurés, et, dans un discours fougueux, prouver
les ravages de ces délits *pittoresques*, solliciter,

presser la condamnation , la punition , la saisie de cette gravure audacieuse , factieuse , provocatrice. Non, la terrible loi du 9 novembre n'est pas abrogée ; elle existe toute entière , du moins, quant aux prétendus délits des gravures, qui ne peuvent être jugées que sur des inductions *indirectes*, et dès-lors *arbitraires*.

Après avoir ainsi examiné les conséquences qui dérivent nécessairement de l'assimilation des dessins aux abus de la presse , il reste à examiner quels seront les effets d'un autre point de la doctrine du ministère, qui met au nombre des *publications* dangereuses les discours tenus dans des lieux ou réunions publiques. Et, d'abord, peut-on regarder un discours, une conversation, sans doute, comme une publication ? Je viens de dire qu'un discours , dans le sens du projet, est une conversation, je n'en sais rien ; l'article ne s'explique pas, à ce sujet : ce vague, dans une loi, est bien alarmant; c'est presque toujours l'équivalent d'un piége !

Je conçois qu'un citoyen qui viendrait sur la place publique exciter les citoyens à la révolte ou à commettre des crimes; que cet homme , dis-je , a commis une véritable provocation, et tenu des discours vraiment séditieux. Pourquoi? parce que *l'intention* du provocateur est ici formellement exprimée par un *acte* ; en d'autres termes , cet acte est la preuve manifeste de l'intention; cet acte existe , non-seulement par le fait de l'arrivée dans un lieu public, mais encore par le fait de la *préméditation*; il y a donc ici un véritable corps de délit. Mais, comme le dit très-clairement Montesquieu : « Ce ne sont » point les paroles que l'on punit, mais une ac- » tion commise dans laquelle on emploie des pa- » roles. Elles ne deviennent des crimes que lors- » qu'elles préparent, qu'elles accompagnent ou » qu'elles suivent une action criminelle. »

Mais, dira-t-on, tout cela est dans le projet de loi, qui déclare criminelles les paroles qui *provoquent* ou *préparent* des crimes.

Non, cela n'y est point, puisqu'il n'y a pas un seul mot qui réveille l'idée de cette jonction de l'*action* aux paroles, jonction nécessaire pour que ces dernières participent de la nature du crime. Ce ne sont ainsi que des provocations fictives, des provocations qui ne deviennent provocations que par la latitude et la force de la définition. Car je ne crois pas qu'on puisse donner le nom d'*action* au fait seul de notre présence dans une réunion publique, c'est-à-dire, dans un café, ou dans une salle de danse. Au surplus, quand même cela serait, cela y est avec une réticence qui altère la nature du principe, et donne un libre essor aux argumens subtils de la métaphysique judiciaire, toujours incertaine, toujours flottante au gré des passions du moment et des mouvemens de l'éloquence. L'auteur de l'*Esprit des Lois* parle d'une attaque *for-*

melle, d'une action *directe*, d'une provocation *préméditée* ; les auteurs du projet de loi parlent de *provocations* faites par des discours ou des conversations dans des réunions publiques, *provocations* qu'ils ne qualifient pas, et qui ne peuvent être ainsi ni *formelles*, ni *directes*, ni *prématurées*.

On voit l'intervalle qui sépare ces deux dispositions ; il est tel, que l'une est justement répressive des provocations qui portent les symptômes du crime et de la sédition, et que l'autre donne naissance à un système de délations et d'interprétations, subversif des progrès de l'opinion publique, subversif de la liberté naturelle de la conversation politique, subversif de la tranquillité et de la sûreté individuelles. Oui, cette seule disposition entrave le genre de liberté le plus universel, le seul, je le répète, dont tous les Français puissent jouir indistinctement, et dont l'usage est même plus favorable que nuisible à la tranquillité et à la sûreté du Gouvernement. Car c'est surtout du Français qu'il est vrai de dire : Il a parlé, il a ri, et le voilà désarmé.

Elle tend des piéges à l'ignorance actuelle de la très-grande majorité des Français, en matière de discussions politiques ; elle tend des piéges à l'indiscrétion, à l'inconséquence, à la légèreté naturelle de leur caractère ; elle entraîne les effets d'une tyrannie morale, qui se fait sentir,

dit Montesquieu, « lorsque ceux qui gouver-
» nent établissent des choses qui choquent le
» caractère, les mœurs ou les manières d'une
» nation. » Et, quelle nation eut jamais un caractère plus décidé pour la liberté de la parole,
que la nation française ? Rien n'est plus ordinaire,
en France, que d'entendre des paroles provoca-
trices (1), qui ne provoquent personne. D'ailleurs,
dit encore Montesquieu : « les discours sont si
» sujets à interprétation, il y a tant de diffé-
» rence entre la discrétion et la malice (2), et
» il y en a si peu dans les expressions qu'elle
» emploie, que la loi ne peut guère soumettre
» des paroles à une peine capitale. » (L'auteur
parle du crime de lèze-majesté qui, comme
l'on sait, était puni de mort, sous la tyrannie
des empereurs romains.) « Les paroles ne for-
» ment pas un corps de délit; elles ne restent
» que dans l'idée. La plupart du temps, elles
» ne signifient point par elles-mêmes, mais par
» le ton dont on les dit. Souvent, en redisant les
» mêmes paroles, on ne rend pas le même sens :
» ce sens dépend de la liaison qu'elles ont avec
» d'autres choses. Quelquefois le silence exprime
» plus que tous les discours. Il n'y a rien de si
» équivoque que tout cela.... Partout où cette

---

(1) Dans le sens de la jurisprudence actuelle, s'entend.

(2) C'est-à-dire, mauvaise intention,

» loi est établie, non-seulement la liberté n'est
» plus, mais son ombre même. »

La raison, la justice et la liberté elle-même semblent avoir dicté ce passage frappant de sens et de vérité. On peut ajouter qu'en France, les seuls lieux publics où la conversation roule sur des matières de politique ne sont guère que les cafés, et peut-être encore les spectacles. Là, le tumulte de la conversation, la chaleur des lieux, la vivacité des mouvemens causés par la fermentation du sang et des boissons, le désordre même de la pensée, tout concourt à exercer sur l'homme l'influence la plus puissante, et à l'entraîner au-delà des bornes de la prudence et de la modération. Rien n'est si facile alors, si ordinaire même, que d'émettre un principe exagéré, que de lâcher un mot *provocateur*, et tel Français qui est entré dans un de ces lieux, le meilleur des hommes et le plus soumis des citoyens, en sortira souvent, transformé en un vil séditieux par l'effet du vin et du projet de loi.

On objectera, sans doute, que de pareilles craintes ne se réaliseront jamais sous le ministère actuel; je le crois avec l'objection, et je me l'étais faite moi-même en écrivant ceci; je pense, de plus, que si le projet de loi était admis tout entier, le caractère de modération des Ministres actuels serait pour nous une meilleure garantie que leur projet de loi; mais, après tout, les hommes passent, et les institutions restent.

D'ailleurs, les auteurs du projet, en essayant d'empiéter par des lois sur les droits de la liberté, font leurs devoirs de *Ministres d'un Gouvernement représentatif*, et les écrivains, en rejetant cette usurpation, maintiennent l'équilibre de la balance constitutionnelle, et font leurs devoirs de citoyens. Cet équilibre serait rompu par l'admission de cet article; elle briserait un des principaux ressorts de l'opinion publique; elle inspirerait des craintes et de justes alarmes; l'effet de ces craintes générales, de cette incertitude, puisée dans l'incertitude même d'une loi qui peut être modifiée, circonscrite au gré de la sévérité des magistrats, sera bientôt de retrancher à la liberté de la parole jusqu'à la censure même légitime des actes du Gouvernement. Exigez l'inflexible clarté, l'inexorable précision, et vous aurez brisé une des armes favorites du despotisme; car la force du despotisme gît toute entière dans ces influences indirectes, dans ce pouvoir de prévenir, dans cette puissance occulte et incertaine de l'arbitraire. C'est l'épée de Damoclès toujours suspendue sur la tête des citoyens; c'est plus, c'est la tyrannie de la loi.

Il faut avouer que la législation de la liberté est délicate; elle exige toutes les combinaisons de la réflexion et de l'expérience. Mais il faut avouer aussi qu'il est dangereux de se jeter ainsi dans la carrière des innovations, et de se renfermer volontairement dans le labyrinthe des essais. Mais pourquoi ne pas suivre ici l'autorité du plus grand de nos publicistes? la doctrine de Montesquieu est-elle révolutionnaire, est-elle trop libérale? Elle déclare, cette doctrine, que *les paroles qui sont jointes à une action prennent seules la nature de cette action, et que ce ne sont pas les paroles que l'on punit, mais une action commise dans laquelle on emploie des paroles*; elle déclare, en outre, qu'il *suffit que le crime de lèze-majesté* (1) (c'est-à-dire le crime de sédition ou de provocation à la sédition, dans le langage actuel), *soit vague*, pour que le Gouvernement dégénère en despotisme.

Remarquons ici que Montesquieu parle ainsi des lois pénales des Gouvernemens absolus, et cela est prouvé par ce que le seul Gouvernement représentatif que cet illustre auteur ait connu, n'appelait pas, de son temps, du nom de lèze-majesté le crime, qu'à l'exemple de ce Gouvernement, nous appelons sédition ou provocation à la sédition. Qu'aurait-il dit, s'il eût parlé des lois pénales qui, sous un Gouvernement repré-

---

(1) On peut voir dans Montesquieu que ce mot de Lèze-Majesté avait autrefois un sens beaucoup plus étendu que celui qu'il a maintenant.

sentatif, doivent réprimer les abus de la liberté de penser? Ce qu'il aurait dit? Lisez l'admirable chapitre 27e du 19e livre, où il trace les mœurs d'un peuple libre sous une monarchie, où il prédit la destinée des Français sous le règne de la Charte.

Mais, si les lumières, si la raison prophétique de ce grand homme, de ce législateur de la France et de l'Europe, de ce fondateur de la liberté parmi nous, ne peuvent convaincre nos Ministres; s'ils sollicitent de bonne foi, comme il faut n'en douter, les leçons de l'expérience, pourquoi fermer les yeux aux lumières et aux leçons que nous ont données quatre années d'une fatale expérience? Pourquoi fermer les yeux aux effets de la loi du 9 novembre? Et si ces leçons, profondément gravées dans le cœur de tous les amis de la liberté, ne sont pas encore assez fortes pour éclairer leurs esprits, portons nos regards sur la vieille expérience d'un peuple voisin qui, depuis six siècles, vit sous l'influence d'un Gouvernement représentatif, amasse des connaissances politiques, et jouit de la liberté, comme le dit Montesquieu, par la *douceur*, la *facilité* et la *libéralité* de ses *lois*.

Le grand principe de la jurisprudence criminelle des Anglais, et surtout des lois pénales qui doivent réprimer les abus de la liberté de la parole et de la presse, est renfermé dans cet axiome :

Actus non facit reum, nisi mens sit rea.

Ici une explication devient absolument nécessaire : car cet axiome est la ligne de démarcation qui sépare rigoureusement la jurisprudence anglaise de la jurisprudence subtile, cauteleuse, violente et tyrannique des Romains, que les Anglais, par un instinct de liberté admirable, ont opiniâtrément repoussée, toutes les fois qu'on a tenté de l'introduire dans leur pays.

La loi anglaise ne frappe l'*intention* que lorsqu'elle est devenue un *fait*, lorsqu'elle s'est manifestée *antérieurement* par des actes, ou par des dispositions séditieuses ou criminelles sous d'autres rapports, (*by previous overt-acts.*)

C'est cette mauvaise intention, surtout en matière de liberté de la parole, devenue constante par des *preuves authentiques*, par des *témoins*, par des démarches, en un mot, par des *actes antérieurs et manifestes*, qui, chez les Anglais, constitue l'essence du crime ou du délit. Et la raison qu'ils donnent de cette définition de l'intention légalement prouvée coupable, est aussi conforme à la droite raison que conforme à la justice.

Dieu seul, disent-ils (1), peut pénétrer dans

____

(1) It charges therefore (the English criminal law) the wicked intention as a *fact*, and as constituting the very

le cœur de l'homme; et l'homme, s'il pouvait
y pénétrer, n'a pas de juridiction sur cet asile
sacré des intentions, à moins que la société ne
soit troublée par elles. Mais le cœur coupable
étant la source de toute criminalité, la loi ne
tend qu'à punir des actions qu'elle peut impu-
ter à de mauvaises intentions authentiquement
reconnues; elle a compassion de nos erreurs
et de nos méprises; elle a de l'indulgence pour
nos passions......... mais elle frappe impi-
toyablement nos crimes. »

La seconde raison (1) n'est pas moins forte,
et nous savons, par une expérience cruelle, com-

---

essence of the crime, stating as it must state, to apprize
the defendant of the crime alleged against him, the overt
act, by which such malicious purpose was displayed and
by which he sought to render it effectual. Actus non facit
reum nisi mens sit. God alone can look into the heart, and
man, could he look into it, has no juridiction over it,
until society is disturbed by its actions; but the criminal
mind being the source of all criminality, the law seeks only
to punish actions which it can trace to evil disposition. —
Il pities our errors and mistakes, — makes allowances for
our passions, and scourges our crimes.

(1) It does not merely charge the speaking of the words,
leaving the wicked intention to be supplied and collected
by necessary and unavoidable inference because such inference may or not follow from the Words themselves,
according to circumstances which the *evidence* alone can
disclose.

bien elle est juste et vraie ; c'est que les *intentions déduites* des *paroles* ou des *mots* à l'aide de *raisonnemens* ou d'*argumens*, peuvent être de *fausses déductions*, et peuvent compromettre ainsi l'innocence de l'accusé.

Qu'elle est sage, qu'elle est humaine, cette loi ! qu'elle est profondément sentie ! Elle respire la connaissance toute entière du cœur humain. En effet, ouvrez la porte aux sophismes des inductions, vous vous laisserez éblouir vous-même par la prétendue justesse de ces raisonnemens ; vous serez entraîné malgré vous, et d'interprétations en interprétations, de conséquences en conséquences, vous diffamerez l'intention la plus pure, et vous rendrez coupable la phrase la plus innocente. Richelieu, qui se connaissait en interprétations et en juges-commissaires, disait avec raison : « *Écrivez-moi quatre mots, et je vous fais pendre.* » Et qu'on ne dise pas que ce sont ici des raisonnemens d'avocats ou de jurisconsultes anglais, qui n'ont rien de commun avec les dispositions de la loi ; je vais apporter ici une preuve irréfutable, la citation de la forme sacramentelle des réquisitoires anglais : je dis une preuve ; s'il le fallait, j'en apporterais autant qu'il y a de réquisitoires en Angleterre. Elle est tirée du discours de lord Erskine dans la cause de Jean Frost, et est conçue en ces termes :

That the defendant *being a person of an impious, depraved, seditious disposition*, and maliciously intending to disturb the peace of the Kingdom; to bring our most serene Sovereign into hatred and contempt with all the subjects of the realm, and to excite them to discontent against the government; he the said defendant, his afore said wicked contrivances and intentions to *complete, perfect*, and *render effectual* on the 6 th day of november, Spake the words imputed to him by the Crown.

Je traduis littéralement :

Que le prévenu étant un homme d'une *disposition impie, séditieuse et dépravée*, cherchant méchamment à troubler la paix du royaume, à attirer à notre très-gracieux Souverain la haine et le mépris de tous les sujets du royaume, et à exciter du mécontentement contre le Gouvernement, ledit prévenu, *afin d'exécuter*, de parfaire, et *d'effectuer ses machinations et ses méchantes intentions ci-dessus indiquées*, le 6 de novembre, a émis les paroles à lui imputées par la couronne.

Tel est le réquisitoire, ajoute lord Erskine, et il est rédigé avec une *précision* qui marque le *vrai* principe de la loi criminelle d'Angleterre.

Ce réquisitoire renferme implicitement une partie importante de la doctrine anglaise.

C'est parce que le prévenu était *antérieure-ment* et *authentiquement* reconnu pour un homme dont les intentions étaient coupables ou séditieuses (et ces intentions sont qualifiées avec précision et clarté); c'est parce qu'il a tenté de les *mettre en exécution*, de les *parfaire*, de les *effectuer* dans l'émission des discours ou paroles à lui imputés, c'est par toutes ces raisons et *non-seulement* pour l'émission de ces discours, que le prévenu a été frappé d'un acte d'accusation.

On voit que la loi anglaise présume l'innocence des prévenus de paroles séditieuses ou criminelles, jusqu'à ce que la culpabilité ait été légalement prouvée par preuves authentiques et matérielles d'intentions préalablement séditieuses ou criminelles. Elle regarde les intentions non comme le résultat de déductions verbales ou de conséquences tirées du sens des paroles, mais comme des *faits*, comme des actes prouvés comme tous les autres actes, et c'est sous cette dernière forme seulement qu'elle se permet de les juger.

Vénérable et sainte loi, s'écrie ici lord Erskine, les dispositions nobles, généreuses et humaines planent au-dessus des légères irrégularités de la vie commune ; tu dédaignes d'entrer curieusement dans l'intérieur de nos maisons, pour y scruter nos consciences et nos intentions. Créée par l'homme pour régulariser les faiblesses humaines, et non par Dieu pour conserver la pureté des anges, tu nous laisses nos pensées, nos opinions et nos conversations ; tu ne punis que les actes manifestes de mépris ou de désobéissance à ton autorité.

Ce n'est pas à des orateurs français que l'excellence d'une loi pénale a jamais arraché ces aveux, ces fiers accès d'une ame libre, et qui s'applaudit de l'être. Leurs discours ne sont remplis que de plaintes, de gémissemens contre la tyrannie insidieuse d'une jurisprudence arbitraire. Lisez l'histoire de cette jurisprudence ; depuis quatre ans, qu'y voyez-vous ?....... N'est-ce pas une tyrannie raffinée que celle qui frappe ainsi l'homme par surprise et à son insu, qui lui révèle un crime auquel il n'a pas songé, qui punit en lui le crime de Marsias, qui s'introduit à coups d'argumens dans le for intérieur, qui scrute le fond du cœur par les paroles des lèvres, qui sème la terreur et la division parmi les citoyens, qui prête des armes à leurs inimitiés, qui alimente la fureur des partis et ouvre ainsi la carrière à une foule de procès, de réactions, de vengeances, de calomnies, de noires et cruelles intrigues, et d'atroces accusations.

Quod genus hoc hominum ? Sont-ce là les mœurs, les lois et la liberté d'un peuple libre ? Faut-il que le Gouvernement cherche sa dignité et sa sûreté dans des moyens qui la rendent impossible aux citoyens ? Où sommes-nous ? Le temps est-il venu que l'obéissance à la loi et la *régularité* de la conduite ne sont plus une protection suffisante pour le sujet ? Faudra-t-il qu'il mesure ses pas, qu'il choisisse grammaticalement ses expressions, qu'il compose sa figure et ses regards dans les réunions habituelles de la société ? Faudra-t-il qu'il remplisse sa coupe, la mesure et le pèse-liqueur en main, de peur que, dans cette douce et franche ouverture de cœur, dans cette libre communication de la pensée, qui fait le charme de la vie, ou dans ce conflit d'opinions opposées qui dégénère quelquefois en un vain tumulte, il ne lui échappe dans la chaleur de la dispute un mot séditieux, une saillie provocatrice, un crime verbal qui sera évidemment recueilli par le *traître* posté à l'autre bout de la salle ? Et ne voyez-vous pas qu'en répandant les craintes et les méfiances parmi les citoyens, vous brisez un des principaux ressorts du Gouvernement représentatif, l'opinion publique, qui, en France surtout, ne peut se communiquer que dans les réunions publiques ? Voulez-vous régner sur la morne langueur du corps social abattu par la maladie, sur le silence de la mort, ou sur le calme précurseur des tempêtes ! Ne voyez-vous pas que la sécurité des Gouvernemens libres et l'aveugle confiance de ses sujets, ne sont non-seulement compatibles, mais sont encore inséparables ? L'opinion publique leur sert de lien, et fait toute la force de leur union. Mais, semblable à l'Océan, l'opinion publique a besoin d'un mouvement continuel pour conserver sa pureté. Comprimez-la, cette opinion, faites-la rentrer en elle-même, vous la remplissez de préjugés, de sinistres soupçons, de doctrines séditieuses, vous la corrompez : c'est une eau stagnante que vous avez séparée du grand tout ; mais non, je me trompe, la comparaison est fausse, c'est la poudre que vous comprimez ; une étincelle de liberté , et vous aurez une explosion.

Souvenons-nous à jamais du 8 mai 1788, du 20 et 23 juin, du 9 thermidor et du 18 brumaire. Souvenons-nous surtout du fatal 20 mars qui remplace toutes les époques et toutes les expériences.

Laissons donc là ces lois pénales , subtiles et cruelles, qui s'enveloppent de ténèbres pour y cacher la foudre, ou qui, comme *le Sphinx, dévorent ceux qui ne savent les deviner.* L'ancienne monarchie elle-même ne les a point connues ; elles étaient bonnes pour nos Gouvernemens révolutionnaires, dont elles révélaient l'extrême faiblesse. Osons prendre enfin le caractère de la véritable liberté ; soyons nobles, généreux et humains comme elle. Sachons apprécier le bienfait, la force indestructible d'un Gouvernement représentatif dirigé par l'opinion publique qu'il dirige à son tour ; elle est telle, cette force,

elle est si indépendante de cette législation spi-
rituelle qui fait gloire d'avoir tout prévu, d'avoir
compassé tous les mouvemens des citoyens, que
l'Angleterre n'a jamais acquis tant de gloire, n'a
jamais conquis tant de puissance, n'eut jamais
tant d'obstacles à surmonter, que sous un
Roi imbécile et un Régent auquel on jette de la
boue (1).

Osera-t-on dire que telles ne sont pas les conséquences du projet de loi. Oui, elles en dérivent
en droite ligne, et malgré la volonté des Ministres (car je n'ose croire que dans leurs intentions ils les aient prévues, encore moins qu'ils
les aient froidement discutées), elles dérivent
de l'injuste assimilation de moyens de publication qui n'ont rien de commun; elles dérivent
de la confusion des peines et de la dangereuse
latitude laissée aux tribunaux; elles dérivent de
la doctrine toujours subsistante des provocations
indirectes, du vague et de la cruelle équivoque
d'expressions qui sauront atteindre non-seulement les provocations à la sédition, mais qui
frapperont les délits indirects contre les mœurs
et ce qu'on appelle la morale publique, qui

______

(1) Je ne veux pas dire par-là qu'il faille jeter de la
boue aux Princes pour être libre ; je veux encore moins faire
l'éloge de la liberté ordurière de la populace anglaise ; je
n'ai voulu qu'appuyer sur une différence entre la Monarchie
absolue et la Monarchie constitutionnelle.

vengeront l'orgueil des armoiries, le susceptible amour-propre des corps constitués, et qui fouilleront curieusement dans nos paroles pour y découvrir des crimes de lèze-majesté; elles dérivent du système flexible d'une jurisprudence arbitraire dont rien ne nous garantit la révocation; enfin, et pour comble de malheur, elles dérivent de la composition arbitraire du jury, qui, bien organisé, peut seul rectifier les voies tortueuses des mauvaises lois.

Contre tant de maux, quel est le grand remède?...... C'est encore l'Angleterre, cette terre classique de la liberté, qui nous l'offrira. Nous y trouverons le véritable caractère de la législation d'un peuple libre; nous y trouverons la rassurante précision de la rédaction des lois pénales; nous y trouverons tous les droits, toutes les garanties de la liberté, formellement consacrés.

Le principe de la légitimité venait d'être brisé par la minorité de la nation; le roi d'Angleterre, banni de son royaume, fuyait, combattait, ou vivait en exil; un prince étranger montait sur son trône; un acte du Parlement légalisait l'usurpation; la guerre civile avait déchaîné ses fureurs, l'esprit de révolte soufflait en Écosse, le fanatisme grondait en Irlande, naguère le théâtre d'une lutte sanglante; l'Angleterre était déchirée par les factions et les complots; Guillaume expire; et soutenu d'un parti nombreux dans les trois royaumes, appuyé sur la puissance colossale de Louis XIV, le Prétendant réclamait hautement ses droits à la couronne. C'est à la suite et au milieu de ces temps d'anarchie et de révolution, qu'une femme monta sur ce Trône, source de tant de troubles, appuyée sur un simple acte du Parlement.

Certes, s'il y eût jamais un temps dans l'Histoire d'Angleterre où il eût été excusable au Gouvernement de concevoir quelques alarmes sur la solidité du Trône, et de sacrifier à la sûreté générale quelque portion de la liberté privée, ce temps fut celui où la reine Anne prit en main les rênes de l'État.

Et cependant voyez la réserve, la prudence, l'humanité, et surtout le respect pour la liberté, que le Gouvernement conserva dans la loi répressive du crime de haute-trahison, qui était à la vérité nécessaire, mais qui est un modèle de précision, de clarté et de franchise.

Voici ce fameux acte traduit littéralement :

« Toute personne qui, par le moyen de l'écri-
» ture ou de la presse, affirmera méchamment,
» avisément (advisedly) et directement; que la
» Reine n'est pas la Reine légitime de ces royau-
» mes, ou que le Prétendant a un droit ou un
» titre à la couronne, ou que quelqu'autre per-
» sonne a des droits à la couronne, autrement

» que suivant les actes passés depuis la révolu-
» tion pour régler l'ordre de successibilité au
» Trône ; toute personne qui affirmera que le
» Parlement n'a pas une autorité suffisante pour
» faire des lois qui limitent la succession, sera
» coupable de haute-trahison et sera puni comme
» un traître. »

Cette même loi statue ensuite « que si quelque
» personne déclare et soutient méchamment et
» directement cette même doctrine par le moyen
» de la parole, soit en *préchant*, soit en *ensei-*
» *gnant*, soit en parlant d'après mûre délibéra-
» tion, encourra les peines d'un *praemunire* (1). »

Les réflexions se pressent ici contre le projet
de loi. Et d'abord, remarquons l'énorme différence que la législation anglaise a établie entre

------

(1) « That every person who should *maliciously*, *advi-*
» *sedly*, and *directly*, by *writing* or *printing*, affirm, that
» the queen was not the rightful queen of these realms, or
» that the pretender has any right or title to the Crown, or
» that any other person had any right or title, other wise
» than according to the acts enacted, since the revolution for
» settling the succession, or that the legislature hath nat suf-
» ficient authority to make laws for limiting the succession
» should be guitty, of high reason, and suffer as a traitor»
and then enacts.

« That if any person shall *maliciously*, and *directly*, by
» *preaching*, *teaching* or *advised speaking*, declare and
» *maintain* the same, he shall incur the penalties of a *prae-*
» *munire*. »

3.

les abus de la presse et ceux de la *parole*, même
lorsque les délits de la parole ont la grave publicité d'un sermon, d'une chaire de théologie
ou d'université, même lorsque ceux qui les
commettent sont des hommes revêtus du caractère sacré de la religion, ou sont des savans
dangereux par l'autorité de leurs lumières et la
régularité de leurs mœurs, même dans un temps
où ces deux classes d'hommes exerçaient une
influence puissante sur l'opinion publique, et
rappellent dans notre Histoire la domination des
prédicateurs Jésuites, et celle des graves et fougueux Docteurs de la Sorbonne et de l'Université de Paris.

Il n'y a point ici d'assimilation de moyens de
publication; il n'y a point de confusion tacite-
ment insidieuse. La ligne de démarcation qui
sépare les deux espèces d'abus, ceux de la *presse*
et ceux de la *parole*, est fortement prononcée,
et par la séparation évidente des dispositions qui
leur sont particulières, et par la différence bien
déterminée des peines. Voyez avec quelle sol-
licitude, avec quelles précautions réitérées, la
loi éloigne la tyrannie du système interprétatif :
elle ne se lasse pas de répéter les garanties,
elle les multiplie, elle craint de compromettre l'innocence coupable d'imprudence, elle
craint les juges, elle redoute les suites de sa
propre sévérité.

Il ne suffit pas que le prévenu d'un livre in-

culpé ou d'un discours séditieux (et le caractère
de cette sédition est défini par la loi) ait *affirmé*;
ce mot seul est déjà une garantie ; il faut que
cette affirmation soit *directe*, qu'elle soit l'effet
d'une *mûre délibération*, qu'elle prouve *formellement la méchanceté* de l'intention : sous cette
triple garantie, l'innocence respire, l'écrivain,
honnête homme, se croit en sûreté, la conscience
du juge est tracée, et le subtil syllogisme fuit
loin des tribunaux avec les délits interprétatifs.

Ces principes, du moins, sont la conséquence
rigouréuse de la doctrine de la loi anglaise et de
la véritable liberté ; s'il était nécessaire de les
confirmer par des autorités, je citerais le com-
mentaire qu'a fait sur cette loi le célèbre Forster,
un des oracles de la jurisprudence anglaise ;
Forster, qui, à force d'être cité par les avocats et
les procureurs royaux, se trouve disséminé tout
entier dans leurs plaidoyers et leurs réquisitoires.

1°. Les principes de la loi sont clairs, dit-il ;
des déclarations, et même des doctrines qui ne
sont pas combinées, coordonnées à *des actions*,
à des projets suivis, quoiqu'elles soient soute-
nues formellement et directement, quoiqu'elles
portent tous les caractères de la méchanceté et
de la mûre délibération, quoiqu'elles aient enfin
toute la solemnité qu'une publicité orale puisse

avoir, ne sont pas considérées comme des actes de sédition manifeste.

2°. Dans aucun cas, on ne peut punir un homme pour les inductions et les conséquences tirées de ce qu'il a affirmé ; il faut que l'assertion criminelle ait été soutenue *directement*.

3°. En troisième lieu, les paroles arrachées par l'esprit d'inconséquence, la vivacité ou les mouvemens de la passion, ne sont pas comprises dans la sphère pénale de la loi ; il faut que ces paroles puissent être imputées à des intentions séditieuses, méchantes et légalement attestées comme telles.

Il ajoute ensuite un principe général qui démontre de nouveau, et avec la même évidence, la différence établie par les lois anglaises entre les abus de la *liberté de la parole* et ceux de la *liberté de la presse*.

Il dit qu'il n'en est pas de même des écrits séditieux qui sont des *actes de délibération*, et qui, ainsi, n'exigent pas la *preuve légale des mauvaises intentions*. Ces moyens de publication sont *permanens* et *universels*; ils sont beaucoup moins sujets aux interprétations. « Ils sont au
» moins présentés à la justice, comme ils sont
» sortis des mains de l'auteur; mais les paroles
» sont passagères et volantes comme le vent; le
» mal qu'elles peuvent faire ne s'étend pas au-
» delà du cercle étroit d'un petit nombre d'au-

» diteurs ; elles sont sujettes à toutes les faiblesses
» de notre mémoire, à toutes les trahisons des
» circonstances facilement altérées. »

Telle est la doctrine de la loi et de la jurisprudence anglaise sur cette partie si importante
de la liberté des publications, *la liberté de la
parole*, et le jugement *des intentions antérieurement et authentiquement reconnues*.

Cette doctrine est nouvelle en France ; cela
prouve seulement que la liberté est une chose
nouvelle en France. Rien ne le prouve mieux
que l'expérience de plusieurs années et le peu
de réclamations qu'a excitées, dans le temps,
une disposition semblable à celle du projet
de loi actuel, qui confond, dans un même article, les abus de la liberté de la parole et ceux de
la liberté de la presse. Et, cependant, l'intervalle est immense ; nous croyons l'avoir démontré ; nous y avons consacré, à dessein, une
grande partie de cet écrit. La liberté de la parole
est proprement l'organe de l'opinion publique ;
elle est universelle, tandis que la liberté de la
presse n'appartient qu'aux écrivains politiques
et aux orateurs des Chambres ; par la nature
même des choses, elle ne peut avoir les mêmes
effets que cette dernière ; et la sphère de sa publicité est, d'ailleurs, resserrée dans des bornes
étroites ; elle est donc de beaucoup moins dangereuse, et ne peut, ainsi que la gravure, être
assimilée aux terribles moyens et aux terribles

effets de la presse; il faut donc une législation spéciale, et surtout des peines différentes, invariablement *déterminées*, pour réprimer les abus de l'une et l'autre liberté.

Il faut surtout enchaîner par des barrières insurmontables la conscience des hommes qui sont juges, et qui n'ont que trop de penchant à s'immiscer dans les intentions des prévenus, surtout des prévenus de discours séditieux, émis par le moyen de la parole !

Il faut surtout une législation des *intentions*, qui déclare que l'intention est un *fait*, susceptible, comme tous les autres faits, de preuves légales et matérielles.

Si cette généreuse doctrine ne s'établit pas en France, si les Chambres, en semant pour les dieux immortels, se laissent dominer par des considérations momentanées ou des influences *personnelles*, si elles se laissent entraîner par des terreurs paniques ou des sophismes, qui seuls pourraient attaquer ce raisonnement du bon sens et de la saine raison, il faut renoncer aux mœurs d'un peuple libre; lisez le chapitre de Montesquieu : il faut renoncer à la liberté privée; lisez l'Histoire de 1815 et 1816: il faut renoncer à l'espérance d'une justice impartiale ; lisez le système interprétatif et la jurisprudence arbitraire: il faut enfin renoncer aux progrès de l'opinion publique, et même aux effets de la liberté de la presse, manifestés par celle de la parole ; lisez l'Histoire d'Angleterre.

Nous bornerons ici ces réflexions ; nous ne voulons point partager l'attention, si elles sont de nature à la faire naître. D'autres prouveront, et ont déjà prouvé, combien sont défectueuses, incertaines, vagues, arbitraires, incomplètes, la plupart des autres dispositions du projet de loi, qui doit compléter notre législation sur la liberté des publications.

D'autres prouveront combien il est difficile de s'assurer qu'un crime, un délit, commis postérieurement à une provocation, est l'effet de cette provocation, et même, dans le cas contraire, combien il est dur, combien il est peu conforme à la nature de l'homme et surtout au caractère léger et inconséquent des Français, de déclarer et de punir comme complices des provocations qui, fussent-elles dignes du nom, ne s'exécutent presque jamais, et sur l'inexécution desquelles on compte presque toujours, en les faisant.

D'autres prouveront qu'en remettant entre les mains des tribunaux le jugement des injures, on a remis entre leurs mains le jugement de la plupart des causes relatives aux abus de la presse. Vous avez commis une diffamation; on soutient que c'est une injure; vous affirmez que c'est une diffamation........ *confitentem habemus reum* ; ou bien vous en appelez: un autre tribunal, sous le nom de Cour Royale, maintient

la compétence, ou bien il avouera que cinq juges, accompagnés d'un procureur du Roi, se sont
trompés sur une définition, et vous vous sauvez
à travers une nuée de frais dans la Cour d'As-
sisses : mieux aurait valu en passer par le tribunal de première instance ; avec les frais vous
payiez l'amande, vous conserviez votre temps
et peut-être votre liberté.

D'autres prouveront l'oppression qui accom-
pagne le système de la censure diplomatique,
prouveront que le jury actuel est non-seulement
le jury des préfets, mais le jury des partis et
des factions ; c'est le jury de Philippe méditant
la ruine de la Grèce. Prince, et tendant au despotisme, je ne voudrais que ce jury pour exter-
miner, les uns par les autres, tous les écrivains
de quelque parti qu'ils fussent. Quelle dégra-
dation ! quel avilissement de la plus belle des
institutions !

D'autres, enfin, prouveront que sous prétexte
de protéger la faiblesse de nos mœurs, le projet
de loi ne protége que les faiblesses des fripons
et des assassins. Quoi ! dans un siècle où la vertu
elle-même n'est plus que sous la sauve-garde de
la pudeur publique, vous arracheriez le vice à
son dernier frein, au seul qui, par un éclat salutaire, puisse en réprimer le scandale pernicieux ; nous souffririons qu'une loi immorale
accordât la même protection au scélérat couvert
de tous les crimes, et à l'honnête homme, qui,

loin de craindre les attaques de la calomnie, en tire une gloire nouvelle: pour lui, le tribunal est un théatre; il y brille dans l'exposition publique de ses vertus souvent obscures et surtout dans la confusion de son calomniateur. Mais refuser au diffamateur les preuves de la vérité des faits imputés par lui, c'est encore moins servir la cause de la corruption, que priver l'innocence du seul moyen de défense, *la réfutation des imputations dirigées contre elle*; c'est affermir la réputation morale du calomniateur; c'est lui abandonner les armes les plus plausibles et les plus favorables à sa justification; c'est punir sans satisfaire ni le diffamateur, ni le diffamé, ni l'opinion publique; c'est plus que tout cela; c'est *consommer* la calomnie.

Mais depuis quand est-ce un crime que de flétrir le crime? Des hommes que le mépris de leurs compatriotes n'a pu enchaîner, des hommes que les lois impuissantes n'ont pu atteindre; cinquante témoins m'assurent de leurs crimes et de mes assertions, et je ne pourrai les dénoncer à l'indignation publique; je ne pourrai les frapper du mépris de l'Europe! Que sera-ce, si des provinces entières sont emportées et ravagées par le torrent des passions révolutionnaires? le sang humain aura coulé; le glaive de la loi sera sans force, et vous briseriez le glaive inexorable de la censure publique; vous briseriez la balance vengeresse de l'opinion morale des

autres provinces, et le féroce Trestaillon, por-
tant la terreur jusques dans l'ame des juges,
sera absous, vivra tranquille au sein de sa pa-
trie, couvert de sang et peut-être de gloire !!!

P. S. La discussion sur les projets a marché
rapidement dans la Chambre des Députés; une
nouvelle scission s'est opérée dans le parti des
Constitutionnels; un autre parti s'est distingué
dans la discussion par la force du silence; l'effet
de cette subite révolution fut que le ministère
emportât d'assaut les articles les plus contraires à
la liberté; les vrais principes ne furent soutenus
que par un petit nombre de députés qui ne
partagent point la frayeur générale. Tout serait
perdu, s'il n'y avait que deux pouvoirs législatifs.
C'est vers la Chambre des Pairs qu'il faut
tourner toutes nos espérances et nos réflexions.
Immuable par sa dignité, indépendante par
la Charte et le caractère de ses hautes fonctions,
supérieure aux influences du peuple et de la
couronne, la Chambre des Pairs se trouve dans
la position des vrais législateurs qui résistent
aux sollicitations du présent et n'écrivent que
sous la dictée de l'avenir. Du centre de la puissance législative, elle exerce une surveillance
sévère sur les grands intérêts de la Nation et les
prérogatives du Trône; et telle est cette puissance, que sa seule force d'inertie maintiendrait

la balance entre tous les efforts du pouvoir;
c'est à elle qu'est confiée la conservation éter-
nelle des libertés constitutionnelles; elle est la
gardienne courageuse du sanctuaire où brûle le
feu sacré de la Charte.

Ainsi, c'est dans les grandes circonstances,
c'est surtout dans la discussion des lois fondamentales, que cette Chambre paraît dans toute
sa gloire, qu'elle déploie toutes ses forces, et
qu'elle imprime à l'opinion les lentes combinaisons de sa sagesse.

C'est à elle qu'il appartient de réprimer les
furtifs empiétemens du despotisme légal, comme
aussi de repousser la fougue des passions popu-
laires, lorsqu'emportées au-delà du terme de la
liberté, elles tendent à s'introduire dans la loi
par l'organe de la Chambre élective; mais lorsque, par une de ces révolutions ministérielles,
qui enchaînent les langues les plus éloquentes
et frappent de stupeur les représentans les plus
dévoués, cette Chambre reste en-deçà de la liberté, et s'écarte de la route qui lui est tracée par
la nature des choses et par son organisation
sociale, alors ne prenant conseil que des dan-
gers de la liberté, *pouvoir organique* du Gouvernement, c'est à la Chambre des Pairs qu'il
appartient de rétablir l'équilibre, d'arrêter les
suites contagieuses de la révolution, et de dé-
fendre la liberté même contre ses défenseurs
naturels.

Elle est ainsi le pouvoir constitutionnel, par excellence ; son intérêt, comme individus, sa force, sa gloire, sa dignité, tout ce qu'elle a de plus cher, est attaché au maintien inflexible des lois et libertés fondamentales.

Dans ce moment, elles sont toutes ébranlées dans les projets sur la presse et la liberté de la parole.

La Nation, la Charte, la Liberté ont les yeux fixés sur elle ; c'est à la Chambre à justifier notre confiance et l'énergie de sa position.

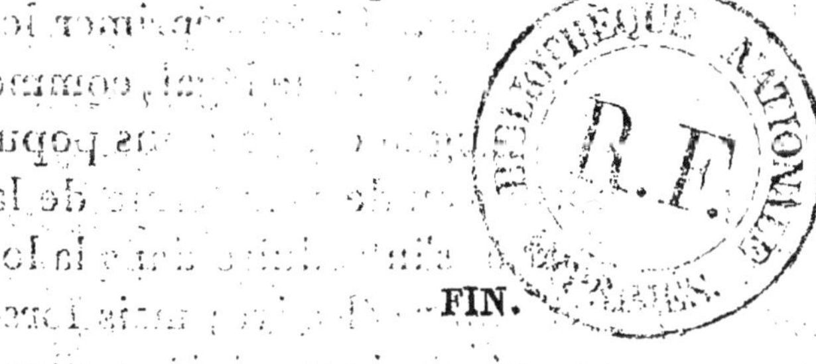

FIN.

DE L'IMPRIMERIE DE J.-L. CHANSON,

RUE DES GRANDS-AUGUSTINS, N° 10.

www.ingramcontent.com/pod-product-compliance
Lightning Source LLC
Chambersburg PA
CBHW061310050726
47594CB00004B/1631